27
L in. 11864.

LETTRE

ADRESSÉE A M. DE NONNEVILLE,

PRÉFET DE VAUCLUSE.

Les pièces qui composent cette petite brochure nous étaient parvenues dès le 29 juillet. Les fameuses ordonnances en avaient empêché l'impression. Nous devions cette explication au public, afin d'écarter le soupçon que M. Leblanc ait eu l'odieux dessein de tirer sur des morts.

(Note de l'imprimeur.)

LETTRE

ADRESSÉE

A M. DE NONNEVILLE,

PRÉFET DE VAUCLUSE,

LE 25 JUILLET 1830,

PAR AUGUSTE LEBLANC,

OFFICIER EN RETRAITE A CARPENTRAS.

<mark>## MARSEILLE,</mark>

TYPOGRAPHIE DE FEISSAT AINÉ ET DEMONCHY,

Rue Canebière, n° 19.

1830.

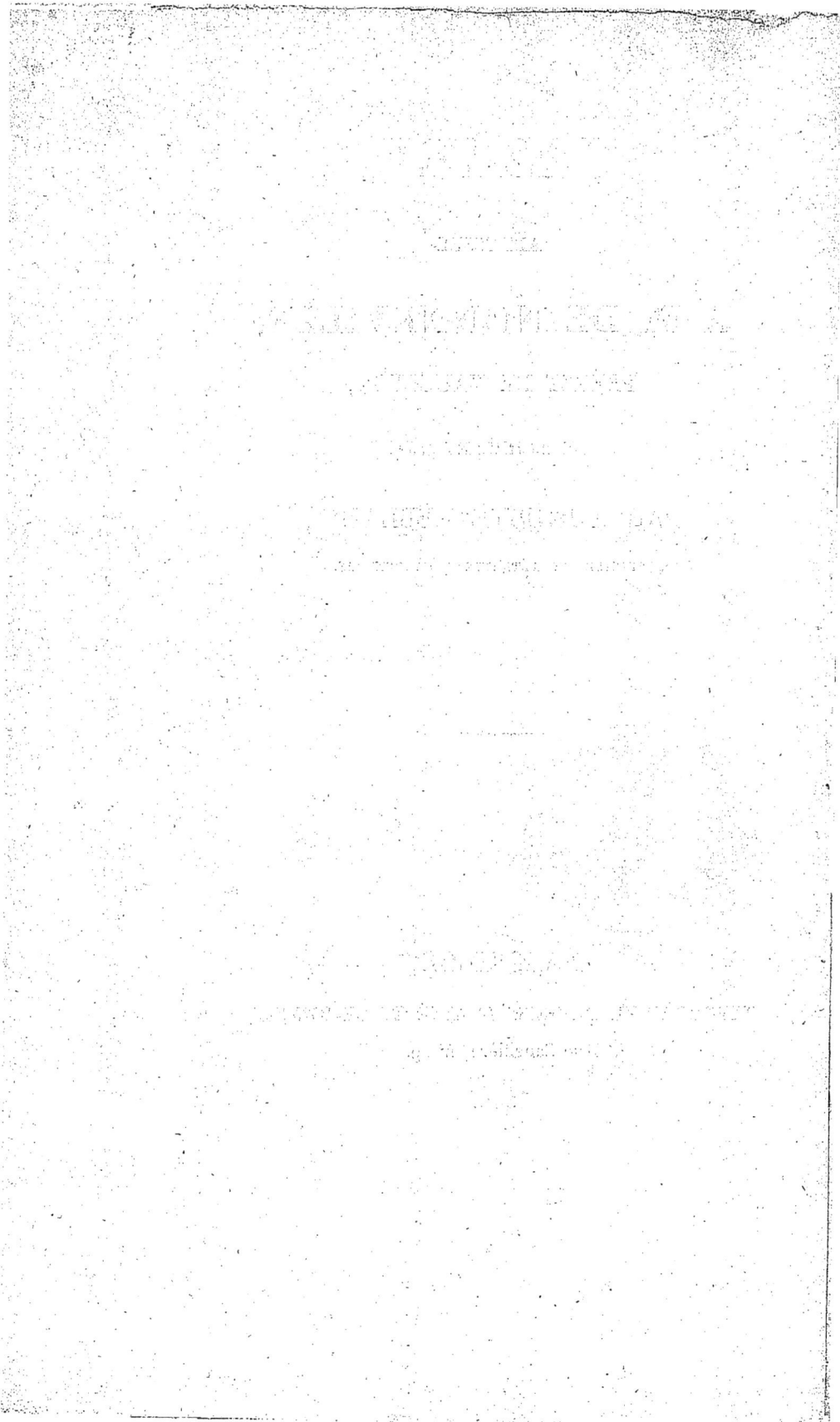

LETTRE

A MONSIEUR LE VICOMTE DE NONNEVILLE,

PRÉFET DE VAUCLUSE.

———

25 Juillet 1830.

MONSIEUR LE PRÉFET,

Il est si glorieux pour un employé subalterne de voir sa destitution confondue avec la disgrace de tant de notabilités du premier ordre, que je serais tenté de vous adresser des remercîmens ; mais la désolation que vous avez jetée dans une famille qui vivait avec le salaire d'un emploi que j'occupais depuis 20 ans, me dispense de cette politesse.

Puisqu'au mépris de tout principe de droit na-
turel et de pudeur publique, de vils dénonciateurs
sont admis seuls juges dans leur propre cause, sans
entendre celui dont ils oseraient d'autant moins
soutenir les regards que sa franchise, en les dévoi-
lant, a imprimé sur leur front le cachet de l'igno-
minie, il faut se résigner. Cependant, que l'on ré-
fléchisse sur cette sévérité et sur l'extrême indul-
gence avec laquelle, non loin de nous, l'an passé,
on a traité les concussions dont nous avons été té-
moins et victimes. Lorsqu'on jeta un voile officieux
sur toutes les iniquités contenues dans la plainte
qui fut présentée en 1829 par quatre électeurs,
appuyée de neuf pièces originales, signées par un
magistrat concussionnaire (1), cette conduite trou-
vait une certaine excuse dans l'étouffement du
scandale, et du moins elle tranquillisait les com-
plices. Mais devait-on attendre que quelque misé-
rable dont la religion affectée n'est qu'un masque
transparent et le royalisme chaleureux qu'un trafic
bien connu, enhardi par cette impunité voisine,
viendrait recueillir auprès de vous, Monsieur le
Préfet, tout le fruit de ses honteuses délations ?
Alors qu'une destitution brutale est lancée, pour
une opinion, sur un homme d'honneur franc et

---

(1) Ces pièces originales sont restées quatre jours entre mes mains
et sont heureusement encore dans celles de mes amis.

vrai, comment puis-je reconnaître là cette justice distributive indispensable à un magistrat qui veut être honoré? Ma place n'était point le fruit de l'intrigue, encore moins le prix de la bassesse et de la servilité: deux membres muets, mutilés au service de la patrie, ont été mes seuls protecteurs (1).

Ceux qui vantent tant votre esprit, Monsieur le Préfet, n'ont jamais parlé de votre raison réfléchie, chose bien nécessaire par le temps qui court. Cependant, dites-moi, quel nom dois-je donner à l'autorité qui, sur des rapports odieux que repousserait tout homme de bien, appesantit froidement sa main sur un père de famille, pour lui arracher le pain de ses enfans, modique prix du sang versé pour son pays dans vingt ans de guerre, et doublement acquis par vingt autres années d'un service presque ignominieux, eu égard aux sentimens élevés qu'il a puisés dans l'exemple de ses pères?

Si malheureusement des blessures graves ne laissent pas toujours le choix du travail pour vivre, comment nommerai-je donc ce raffinement de cruauté qui me ravit, si injustement à la fois, la place dont je remplissais, j'ose le dire, tous les devoirs, et l'espoir si prochain d'une retraite si légitimement acquise?

(1) C'est à M. de Stassart, préfet de Vaucluse, qui a laissé des souvenirs d'un autre genre, que je dois cette compensation qui lui parut légitime. A Dieu ne plaise que je veuille faire ici un parallèle de ce grand citoyen avec la plupart de ses successeurs.

Mais quel est donc le crime enfin de cet homme que l'on traite avec cette dureté asiatique ?

Dans la noble lutte des élections qui s'est engagée, si importante pour notre avenir, il s'est plu à s'entretenir avec tous ceux qui sont sincèrement attachés à nos institutions ; il a encouragé de sa faible voix les louables efforts qu'ils ont faits pour démasquer les fourbes et repousser les hommes serviles et onéreux.

Son langage a fait connaître qu'il était du côté du savoir, du mérite et du royalisme éprouvé; qu'il eût consciencieusement préféré (sans être électeur) la nomination d'un constitutionnel plein de talens, de patriotisme et de vertus (1), à une nullité privilégiée, dont la place à la chambre se devine et qui en sa qualité de mandataire n'offre non-seulement aucune garantie pour nos institutions, mais projette un ridicule ineffaçable sur un arrondissement entier. Voyez donc la noirceur d'un homme qui préfère un tissu de soie et d'or à une toile écrue et qui aime mieux enfin un diamant qu'un stras.

Au reste, dans un pays qui est malheureusement une exception à la civilisation de la France, il n'est pas impossible que mon babil, peu impor-

---

(1) Ce candidat constitutionnel était M. de Vatimesnil d'abord, et, après sa nomination à Valenciennes, c'était M. de Cassaignoles, premier président de la cour royale de Nîmes.

tant d'ailleurs, ait pu inquiéter certains personnages à qui une majorité formidable en bien des colléges avait déjà donné de l'humeur ; dans ce pays, dis-je, les Dandin et les Pourceaugnac abondent ; les Géronte y ont une importance notable ; plus d'une Arsinoë y fait encore de nombreuses dupes ; les Philinte du jour y conservent un crédit assuré ; quelques Trissotins y captivent, à souhait, d'aveugles suffrages, et un marquis sémillant et goguenard y est encore fort bien placé. Là, le bon Tartuffe démasqué à demi y jouit, malgré quelque rumeur, d'une certaine considération, et si le prestige des titres, si chers à la nullité, a conservé quelque empire, c'est dans ce pays-là, parce que le soin de fortifier sa raison, de cultiver son esprit, d'étendre ses connaissances, n'y est pas encore de saison ; et cela peut réjouir quelques personnes qui n'auraient peut-être rien à y gagner. Aussi, en attendant, on y bâtit des célébrités avec de la chair, des os et de l'argent, matériaux qui y suffisent encore pour constituer un grand personnage.

A présent si je donne, Monsieur le Préfet, quelque publicité à cette lettre, vous ne pourrez pas vous en plaindre ; car le mot sublime *frappe, mais écoute*, est la justice même des tyrans ; or, vous ne sauriez blâmer la satisfaction de faire connaître au public, qui ne nous juge point sur les délations clandestines, les mesures paternelles que les habiles directeurs de l'opinion prennent pour sauver la monarchie.

Je serais au désespoir pourtant que votre maladresse eût appelé en face de vous et vous eût créé pour ainsi dire, sans aucun motif, un adversaire indigne de votre rang.

Mais on vous répondra : pourquoi alliez-vous donc le blesser avec si peu de loyauté, dans un coin si obscur et sans aucune espèce de défense?

Hélas! malheureusement pour vous, Monsieur le Préfet, cette destitution, dont vous paraissez beaucoup vous applaudir, n'a pas intimidé du tout votre plus mortelle ennemie ; elle marche à pas lents, mais elle ne recule pas. Timide et même cachée, autrefois elle était moins à craindre ; tout-à-fait émancipée aujourd'hui, elle est devenue redoutable.

Et beaucoup plus généreux que vous, sans nulle crainte, ma lettre vous a dit son nom : *la Vérité*.

Daignez agréer, Monsieur le Préfet, mes salutations franches et loyales.

AUGUSTE LEBLANC,

Officier en retraite.

EXTRAIT

Des Registres de la Préfecture du département de Vaucluse.

{ ———— }

ARRÊTÉ

DU PRÉFET DE VAUCLUSE.

————

Avignon, le 14 Juillet 1830.

Nous Maître des Requêtes, Préfet du département de Vaucluse, Commandeur de l'ordre royal de la Légion d'Honneur,

Vu l'art. 8 de l'ordonnance royale du 25 décembre 1825 ;

Vu la lettre que S. Exc. le Ministre Secrétaire d'État de l'intérieur nous a adressée le 10 de ce mois, relativement à la révocation du sieur LEBLANC, vérificateur des poids et mesures de l'arrondissement de Carpentras,

Avons Arrêté :

Art. 1er. Le sieur LEBLANC, vérificateur des poids et mesures de l'arrondissement de Carpentras, cessera immédiatement ses fonctions.

Art. 2. Le Sous-préfet de Carpentras fera procéder sur-le-champ au recolement du matériel du bureau de cet employé , et il en confiera la garde à telle personne qu'il lui conviendra de désigner.

Art. 3. Expédition du présent Arrêté sera adressée au Sous-préfet, qui demeure chargé d'en assurer l'exécution, après l'avoir notifié au sieur LEBLANC.

Fait à Avignon, en l'Hôtel de la Préfecture, le 14 juillet 1830.

Signé Vte. de NONNEVILLE.

Pour expédition :

Le Secrétaire général de la Préfecture,

DE VARICOURT.

A M. LEBLANC, A CARPENTRAS.

—◆—

Carpentras , le 16 juillet 1830.

Monsieur, je vous adresse ci-joint expédition de l'Arrêté en date du 14 de ce mois, par lequel M. le Préfet vous révoque des fonctions de vérificateur des poids et mesures au bureau de Carpentras, ensuite d'une lettre de S. Exc. le Ministre Secrétaire d'État de l'intérieur.

Chargé d'assurer immédiatement l'exécution des dispositions que cet arrêté renferme , je vous invite à cesser vos fonctions dès demain 17 du courant.

J'enverrai chercher le même jour tous les objets appartenant au bureau de la vérification, compris dans l'inventaire ; dès qu'ils auront été déposés à la sous-préfecture , je vous en donnerai un récépissé pour votre décharge. Si cependant il entrait dans vos vues de garder lesdits objets encore jus-

qu'à lundi prochain, j'y consentirais volontiers, d'après votre réponse verbale au porteur de la présente dépêche.

Recevez, Monsieur, l'assurance de ma parfaite considération.

Le Sous-préfet,

Comte de GRIMALDI.

QUERELLE D'ALLEMAND,

OU

AVANT - PROPOS DE MA DESTITUTION.

Quelque temps avant sa destitution, le vérificateur reçut au bas d'une lettre administrative le post-scriptum que voici, qui formait un contraste frappant avec tout le contenu de la lettre.

« P. S. Le ministre a remarqué, par l'examen du compte « de 1829, que le vérificateur de votre arrondissement n'a- « vait constaté qu'une seule omission aux rôles.

« *Tout porte à croire* que cette situation n'était pas exacte; « je ne saurais trop vous recommander de *surveiller de près* la « gestion de cet agent, et de me rendre compte des irrégula- « rités que vous pourriez y découvrir. »

Signé Vte. de NONNEVILLE.

Pour expédition conforme à l'original :

Le Sous-préfet ,
Comte de GRIMALDI.

Quelle pénétration profonde ! Quelle admirable sagacité ! *tout porte à croire*... Et qu'est-ce qui peut porter à croire que 99 et 1 ne font pas 100 ?

Jusqu'à présent la dialectique des chiffres avait été sans réplique.

Enhardi par un raisonnement si concluant, et surtout par une si exacte justice, que ne serai-je pas en droit de dire?...

Un homme de ma connaissance raisonnait ainsi sans cesser d'être conséquent ; il disait un jour, en parlant de certains personnages bien connus : deux et un font huit. — Comment huit ! — Oui, parce qu'il y a évidemment dans cet un, au moins trois sots, deux méchans et un être injuste.